El clima

¿Qué es
el tiempo?

Si te levantas por la mañana y hace un día radiante y el cielo está despejado: ¡hace un día perfecto para salir a jugar! En cambio, si ves nubarrones negros, rayos y truenos y fuertes vientos, ya sabes que es mejor quedarse en casa hasta que amaine la tormenta. Hay días en los que hace tanto frío que tienes que ponerte ropa muy gruesa. Hay otros días, en cambio, en los que hace tanto calor que sólo estás a gusto medio desnudo. Todos estos cambios son lo que llamamos el tiempo: si está nublado, si llueve, si hace sol, si hace frío o calor... Y es tan importante para todos que hasta hay canciones que hablan sobre el tiempo. ¿Conoces alguna?

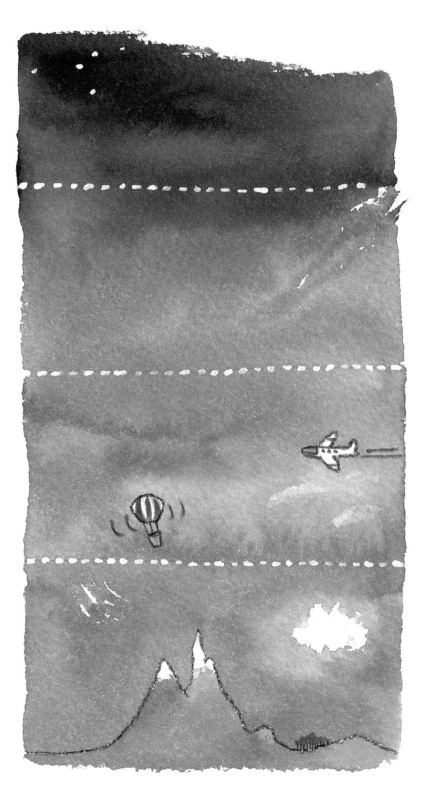

Una
capa de aire

Da unas vueltas sobre ti mismo. ¿Notas el aire en la cara y las manos? Este aire rodea todo nuestro planeta como si fuese una manta muy delgada y transparente que nos protege del espacio. Es una capa muy especial que no deja que el Sol nos queme ni que el frío del espacio nos congele por la noche. Se llama atmósfera y es por donde viajan las nubes, el viento y los aviones. A veces parece que el aire está quieto, pero si miras las nubes verás que siempre están en movimiento, viajan de un país a otro y vuelven. ¡El viento nunca se está quieto!

El clima de cuatro estaciones

Invierno, primavera, verano, otoño... ¿te suenan estos nombres?
El invierno es la estación del frío, es la estación en la que las plantas y los animales parecen dormir. En primavera empiezan a florecer los árboles.

El sol calienta un poco más cada día. Después de la primavera, viene el verano con días muy calurosos y soleados, tras los cuales poco a poco llega el otoño: las plantas empiezan a perder las hojas y la gente se empieza a abrigar. ¡Todo se prepara para soportar el frío y tormentoso invierno! ¿Dónde vives hay cuatro estaciones? ¿Y en invierno nieva o hace mucho frío? Y en verano... ¡te bañas en el río o en la playa? Éste es el clima típico de las zonas templadas.

Los climas de sólo dos estaciones

En algunos lugares del mundo el clima es diferente, pues sólo hay dos estaciones: una estación en la que llueve muchísimo y otra en la que casi no llueve nunca. Se trata de la estación húmeda y la estación seca, y en ambas siempre hace calor. Son las zonas tropicales.

En los polos, en cambio, el clima es polar: siempre hace frío, incluso en verano. En los polos la diferencia entre el verano y el invierno es que el Sol no sale durante el invierno, o sea que siempre es de noche, mientras que en verano no se pone nunca, de modo que siempre es de día.
En los polos el día y la noche duran... ¡seis meses cada uno! Las plantas, los animales y las personas estamos acostumbrados a vivir con las estaciones del lugar en el que vivimos, a pesar de que todos tengamos nuestra estación preferida.

Sopla el viento

¿Te gusta el viento? El viento es el aire que se mueve.
A veces es tan suave que parece que te acaricia. Otras veces
sopla un poco más fuerte y parece que esté jugando a
despeinarte y a tirarte hojas y polvo a la cara: molesta un
poco. En los mares cálidos del mundo se forman los vientos
más fuertes de todos: son los huracanes, tifones o ciclones.
Estos vientos van acompañados de tormentas y son tan
fuertes que levantan olas más altas que un edificio de cinco
pisos. Pueden arrastrar barcas, coches y personas.
En estos lugares, cuando hay una tormenta de este tipo,
la gente tiene que esconderse hasta que amaine.
Dan mucho miedo, ¿a que sí?

Tornado

Los tornados son remolinos de aire en forma de embudo. Parecen enormes trompas de elefante que cuelgan de las nubes de tormenta y no hacen más que girar y girar. Cuando un tornado toca el suelo, aspira el polvo, las piedras, los coches y todo lo que se interpone en su camino. Sólo viendo los destrozos que causa, ¡se puede adivinar por dónde ha pasado! A veces, los tornados se llevan volando algún objeto y lo vuelven a dejar en otro lugar sin estropearlo. A los tornados que se producen en el mar se les llama trombas marinas. Éstas arrastran agua y peces que luego dejarán caer en cualquier otro sitio, por ejemplo... ¿en una ciudad?

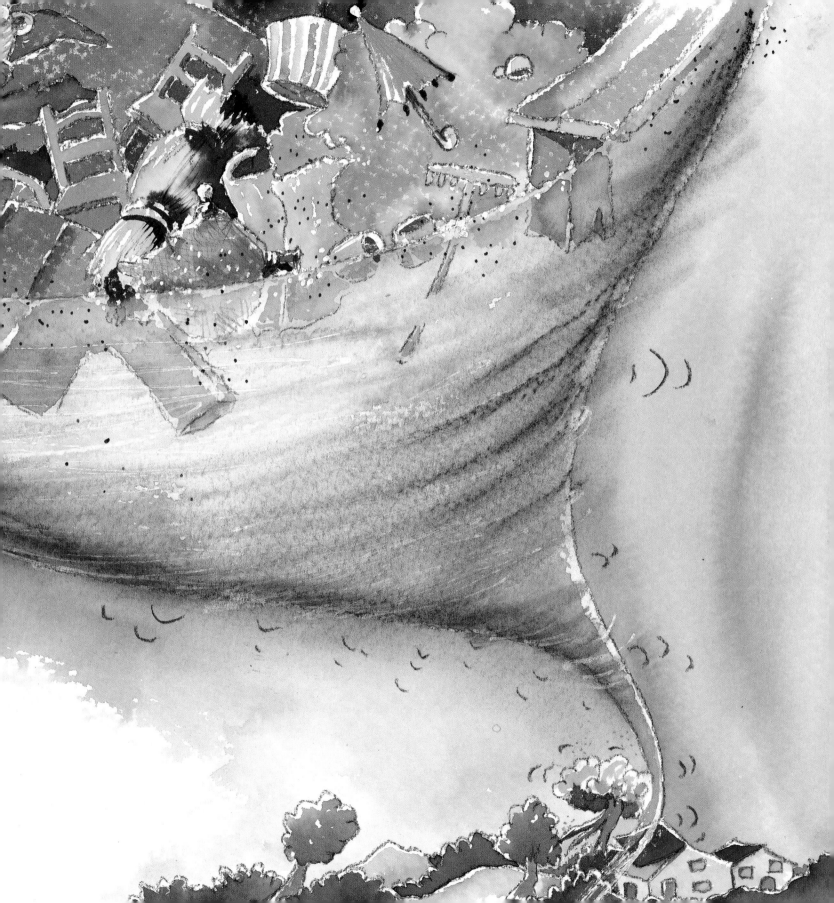

Agua mágica

Coge un cubito de hielo del congelador y sostenlo en la palma de la mano. ¿Ves cómo se deshace? Se está convirtiendo en agua líquida... ¡y te está mojando la mano! Si lo sueltas y esperas un rato, verás que el agua de tu mano "desaparece", tu mano se seca sola, sin necesidad de usar una toalla. ¿Dónde ha ido a parar el agua? Se ha

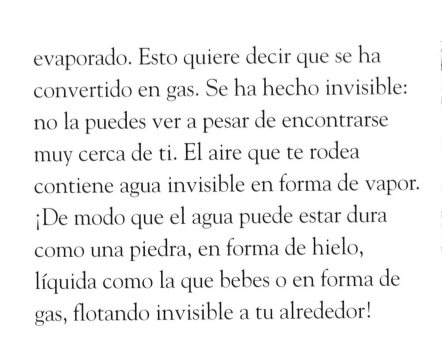

evaporado. Esto quiere decir que se ha convertido en gas. Se ha hecho invisible: no la puedes ver a pesar de encontrarse muy cerca de ti. El aire que te rodea contiene agua invisible en forma de vapor. ¡De modo que el agua puede estar dura como una piedra, en forma de hielo, líquida como la que bebes o en forma de gas, flotando invisible a tu alrededor!

Agua viajera

El Sol calienta el agua de los ríos, lagos y mares de todo el mundo. Así, el agua se evapora y se convierte en un vapor invisible que empieza a viajar por el aire, sin que nadie la vea. Pero cuando empieza a ascender hacia el cielo, como hace mucho frío, vuelve a condensarse en unas gotitas de agua que, junto con otras gotitas, forman una nube. En las nubes, las pequeñas gotitas van chocando y se juntan unas con otras, hasta que se hacen tan grandes que pesan demasiado para flotar. Entonces caen en forma de lluvia, que luego llena los ríos, lagos y mares. ¡Y todo vuelve a empezar de nuevo!

Gotas flotantes

Las nubes parecen bolitas de algodón, pero ahora ya sabes que realmente están formadas de millones y millones de pequeñas gotas de agua. Las nubes pueden viajar miles de kilómetros sin dejar escapar ni una gota de agua, pero cuando encuentran aire frío o cuando transportan muchísima

agua, descargan su contenido mojando todo lo que
encuentran. Son como una esponja cargada de agua:
hay tantas gotas que se juntan entre ellas y empiezan
a caer en forma de lluvia. Si las observas a menudo,
pronto aprenderás que las nubes oscuras son las que
traen tormenta, y que las blancas y delgadas pasan
de largo sin que ni siquiera llovizne un poquito.

Rayos y truenos

Miras el cielo y los ves totalmente encapotado, con nubes oscuras y gruesas. A lo lejos se ven rayos y se oyen truenos cada vez más cerca de ti: se acerca una tormenta. Los rayos son descargas eléctricas que viajan de las nubes al suelo a una velocidad altísima, y calientan tanto el aire que hacen el ruido de una explosión. El rayo es la luz y el trueno es el ruido que se oye. Ambos se producen al mismo tiempo, pero la luz es mucho más rápida que el sonido, por lo que ves primero el rayo y luego oyes el trueno. El trueno siempre llega el último.

Llueve y hace sol

Cuando llueve y hace sol aparece un fantástico arco repleto de colores. Es el arco iris. Los rayos del Sol entran dentro de las gotitas de agua y, al salir, cada rayo de luz blanca se divide en todos los colores: rojo, naranja, amarillo, verde, azul, añil y violeta. Los colores siempre aparecen en el mismo orden. ¡A ver si los puedes reconocer todos! Puedes ver el arco iris en muchos otros lugares, por ejemplo en una cascada, en las salpicaduras que hace el mar al chocar contra las rocas... ¡o cuando riegas las plantas!

¿Qué hay dentro de una nube?

La niebla parece humo, pero de hecho está formada por gotas de agua diminutas, como sucede con las nubes. La niebla se produce, sobre todo, durante las horas más frías de la noche y de la madrugada, y desaparece cuando el Sol empieza a calentar el aire. En algunos lugares, la niebla puede quedarse durante semanas: ¡es como vivir siempre dentro de una nube! La niebla puede ser tan espesa que no logras ver más allá de tus narices. ¿Te imaginas una niebla así en medio del mar? Cuando los barcos se encuentran con un banco de niebla no pueden ver la luz de los faros, así que para guiarse tienen que utilizar el radar, poner en marcha las sirenas y esperar. ¡Es muy fácil chocar con algo cuando no se ve nada!

Cristales de hielo

Cuando hace mucho frío caen copos de nieve de las nubes. A través de una lupa, verás que cada copo está formado por pequeños cristales de hielo y podrás ver que forman figuras fantásticas. Lo más increíble es que cada cristal tiene una forma única, distinta de todos los demás. La nieve puede ser muy divertida, pero hace tanto frío que tienes que abrigarte mucho para pasarlo bien. En algunos lugares no hace nunca el frío suficiente como para que nieve, pero si miras hacia el cielo verás que algunas nubes en realidad no transportan gotitas de agua, sino que llevan pequeños cristales de hielo. ¡Lástima que se deshagan antes de llegar al suelo!

Noches fresquitas

Después de una noche en calma y sin nubes, de buena mañana, podrás ver que la hierba, los coches y todo lo que ha estado a la intemperie durante la noche está mojado a pesar de que no haya llovido. Es el rocío. Cuando hace mucho frío y la temperatura es inferior a cero grados, en vez de gotitas de agua lo encontrarás todo recubierto de una capa blanca, como si se tratase de una ligera nevada. Es la escarcha. ¡Y todo esto pasa porque el aire que te rodea está repleto de agua! Cuando hace calor, el agua se evapora, desaparece y cuando hace frío aparece en forma de gotitas de agua. Si hace mucho más frío, por debajo de los cero grados... el agua aparece en forma de hielo.

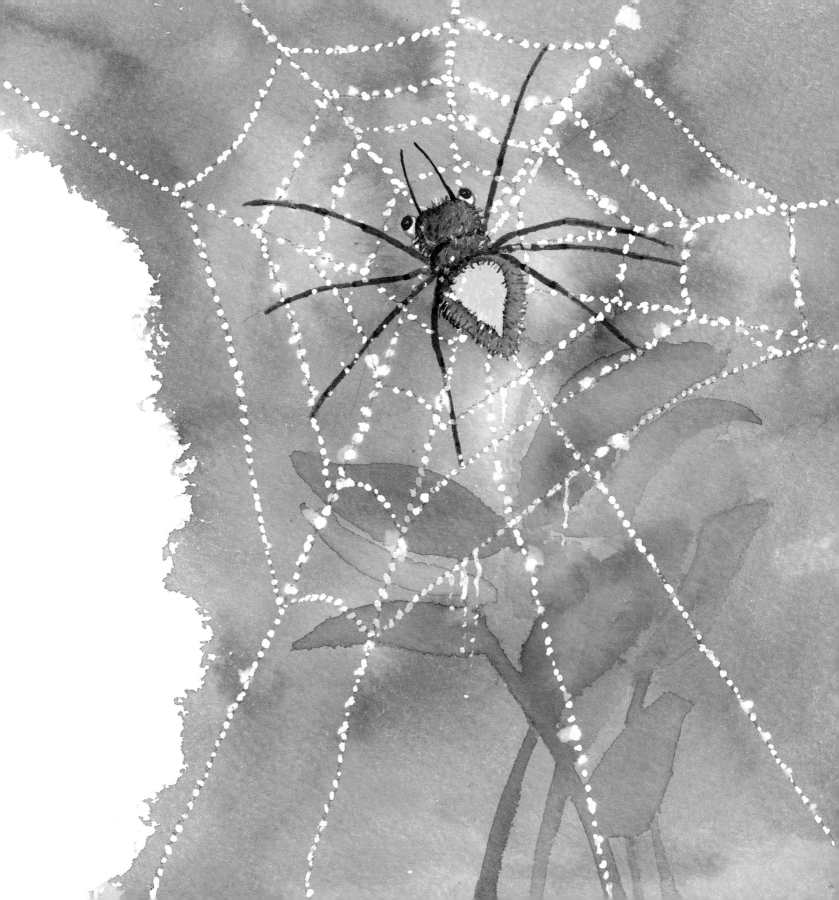

¿Qué tiempo hará?

Tormentas, días radiantes... ¿Quieres saber qué tiempo hará mañana?
Los meteorólogos, que se dedican a estudiar el tiempo, utilizan datos de
observatorios de todo el mundo e imágenes captadas por satélites que están
en el espacio. Con todos los datos, se confeccionan mapas metereológicos
que explican las condiciones climáticas que tendrán lugar en las próximas
horas. Antiguamente, la gente miraba cómo estaba el cielo o qué hacían
las plantas y los animales para prever qué tiempo haría. Por ejemplo,
si las ranas cantan, quiere decir que lloverá. ¿Sabes algún otro dicho?

Curiosidades

Satélites que giran

Los satélites se han convertido en los grandes vigilantes del tiempo en todo el mundo. Mientras giran alrededor de la Tierra, recogen información sobre el estado del cielo en cada instante y en todo el mundo. De esta manera, controlar dónde hay huracanes, dónde hace mucho calor o dónde llueve es más fácil. ¡Mira qué imágenes envían los satélites! Puedes encontrar más en Internet.

Una Tierra inclinada

¿Sabías que cuando en el polo sur es verano, en el polo norte es invierno? ¿Y que cuando es verano en Australia o en Sudamérica, es invierno en Europa y China?

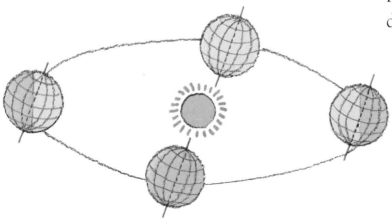

Mira la ilustración: hay cuatro estaciones distintas en el hemisferio norte y en el sur de la Tierra porque la luz que nos llega del Sol varía durante el año. Cuando la parte en la que vives de la Tierra está encarada hacia el Sol es verano y cuando está más desviada es invierno. Cerca del ecuador, que señala la mitad de la bola que es nuestro planeta, siempre están a la misma temperatura. Si miras el Sol, verás que en verano está más alto en el cielo, mientras que en invierno está más bajo...
¡si no vives en el ecuador por supuesto!

CIRROS

CÚMULOS

ESTRATOCÚMULOS

ALTOCÚMULOS

CUMULONIMBOS

NUBES DE COLORES

Mirando las nubes

Las nubes pueden ser de formas muy variadas y pueden estar muy arriba en el cielo o tan abajo que rozan las cimas de las montañas. Los que tienen formas redondeadas se llaman cúmulos y los que están hechos de capas se llaman estratos. La mejor manera de reconocerlos es observarlos a menudo. A ver si reconoces los que hay en estos dibujos.

- **Cirros.** El viento les da un aspecto deshilachado. Indican que viene buen tiempo.
- **Cúmulos.** Se distinguen fácilmente por su aspecto esponjoso y por ser de color blanco. Si crecen mucho pueden provocar chaparrones de corta duración.
- **Estratocúmulos.** Son cúmulos que se extienden formando capas. Traen el buen tiempo con ellos.
- **Altocúmulos.** Parecen bolitas de algodón y están muy juntas entre ellas.
- **Cumulonimbos.** Son nubes muy grandes y oscuras. Traen tormentas, granizadas y relámpagos.
- **Nubes de colores.** A veces, la luz del Sol pasa a través de las gotitas de agua y podemos observar nubes de colores.

¿Cómo se llaman?

LA FUERZA DEL VIENTO

CALMA

BRISA FRESCA

VENTOLINA

VIENTO FUERTE

TEMPORAL FUERTE

HURACÁN

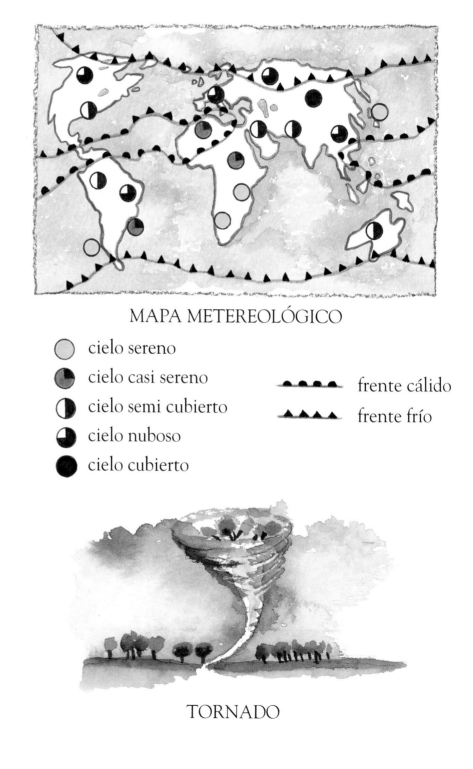

MAPA METEREOLÓGICO

○ cielo sereno
◕ cielo casi sereno
◑ cielo semi cubierto
◔ cielo nuboso
● cielo cubierto

●●●● frente cálido
▲▲▲▲ frente frío

TORNADO

ATMÓSFERA

CRISTAL DE HIELO

RELÁMPAGO

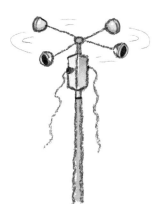

ANEMÓMETRO

VELETA

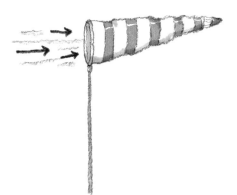

ANEMOSCOPIO

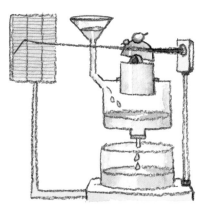

PLUVIÓMETRO

SATÉLITE

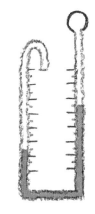

TERMÓMETRO

LA CIENCIA NOS HABLA DE...

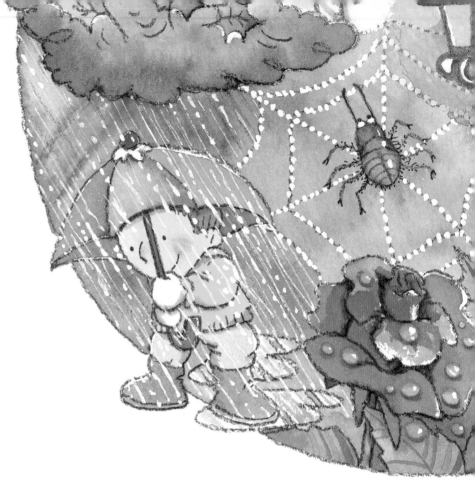

El Clima

Autora:
Núria Roca

Ilustraciones:
Rosa M. Curto

Diseño y maquetación:
Gemser Publications, S.L.

© Gemser Publications, S.L. 2002
El Castell, 38
08329 Teià (Barcelona, España)
www.mercedesros.com
e-mail: info@mercedesros.com

© de esta edición: edebé 2005
Paseo de San Juan Bosco, 62
08017 Barcelona
www.edebe.com

Segunda edición,
Junio 2008

ISBN 84-236-7759-1

Printed in China